AF247132

PÈLERINAGE EN TERRE SAINTE

PAR

Xavier-Richard de LATOUR

De la Confrérie des Saints Israel et Théobald
du Dorat (Haute-Vienne)

Des Sociétés des Antiquaires de l'Ouest, de Poitiers,
des Agriculteurs de France.

———————————{⋆}———————————

LIMOGES

IMPRIMERIE NOUVELLE L. BOYER

50, Faubourg Montmailler, 50

—

1882

A MON PÈRE & A MA MÈRE

Hommage respectueux.

———×———

A MES AMIS

Souvenir affectueux.

PRÉFACE

Le récit succinct qu'on va lire a paru dans la *Gazette du Centre*, de Limoges (27 juin, 7, 11, 21, 22, 25 juillet 1882). Il n'était pas destiné à une autre publicité, lorsqu'un ami a prévenu l'auteur qu'en l'éditant en brochure il pourrait faire du bien à quelques âmes indifférentes. C'est le seul motif qui l'a décidé. Que Dieu exauce son vœu et lui permette ainsi d'apporter une toute petite pierre à la réédification religieuse de notre malheureuse Patrie.

X. R. de L.

PÈLERINAGE EN TERRE SAINTE

Arrivés à Marseille, au nombre de plus de mille, les pelerins s'embarquent le 26 avril sur la *Guadeloupe* et la *Picardie*, deux grands paquebots de la Cie Transatlantique.

Nous pensions partir dans la journée du 26, après avoir assisté, au sanctuaire de Notre-Dame de la Garde, à la messe de Mgr de Marseille et reçu des mains de Sa Grandeur la croix rouge qui ne doit plus quitter nos poitrines. Mais, au moment même ou Mgr terminait une admirable allocution le mistral se met à souffler avec une telle violence qu'il devient impossible de sortir de l'église. Une grande tempête s'est élevée ; comme si Dieu voulait éprouver, dès le début, notre courage et le sentiment de foi et d'amour qui nous entraîne aux lieux sanctifiés par les divins mystères de la rédemption.

Le 27, à une heure de l'après-midi, tous les pèlerins sont embarqués. La mer est toujours mauvaise. La sortie du port est périlleuse. Le lendemain 28 on lève les ancres par un calme relatif. Bientôt, voici le roulis et sa conséquence, le mal de mer qui n'épargne presque personne. Dans la nuit du 29 au 30 on signale un phare à l'horizon. C'est de la côte de Tunisie que nous vient la lumiere de cette étoile, nous apportant dans ses rayons comme une lueur de la patrié en armes, comme un reflet de l'étendard de Saint-Louis et de cet autre étendard à l'ombre duquel veillent et combattent, toujours vaillamment, quoique pour une moins noble cause, les soldats de la France. Le 30, la mer se calme et devient belle ; aucune terre n'est en vue. On dresse un magnifique autel à l'arriere du navire et on l'entoure de douze autres autels portatifs, 50 messes sont célébrees ou communient environ quatre cents pèlerins. Le T. S. Sacrement reste exposé toute la journée. A midi nous sommes en vue de l'île Pantellaria. C'est d'abord une chaine de collines émergeant des flots, toutes verdoyantes, puis une ville sur la plage dans des touffes d'arbres et entourée de diverses cultures. Le site est ravissant ; le ciel d'une pureté incomparable ; nous distinguons à 3 et 4 kilomètres de distance, mais la vitesse de notre marche nous dérobe bientôt ce charmant spectacle et une barque légère qui venait à nous. Dans la soirée nous assistons aux vêpres, au sermon et nous recevons la bénédiction du T. S. Sacrement. Un peu après nous arrivons devant les côtes escarpées de l'île de Gozzo que nous longeons longtemps avant d'être en face de celle de Malte. Le commandant de la *Guadeloupe*, M.Simon, qui a toujours été d'une extrême obligeance pour les passagers, tout en maintenant rigoureusement l'indispensable discipline du bord, ordonne de stopper. La puissante machine siffle avec une force prodigieuse. De la rive, dont nous voyons les forts de la ville éclairée, se détachent des barques qui nous accostent bientôt et s'en retournent emportant plus de cinq cents lettres que la poste anglaise fera parvenir à nos familles ; les pèlerins de la *Picardie* n'ont pas la même bonne fortune.

Malte, bien que nous ne l'ayions vue qu'au crépuscule, nous a laissé un ineffaçable souvenir. Comment ne pas être profondément remué dans ses sentiments religieux et patriotiques en face de ce boulevard de la chrétienneté, gardé pendant des siècles, avec un si indomptable courage, par les chevaliers de St-Jean, dont la révolution ne prit la place que pour perdre Malte, quelques semaines plus tard, et la laisser tomber aux mains de la flotte anglaise. Dans l'île, la cité La Va-

lette, qui a conservé le nom glorieux de ce
grand maître de l'ordre, est, dit on, au-
jourd'hui une ville très commerçante qui
compte cent mille habitants. La nuit, la
chaleur est extrême à l'intérieur du navire ; un grand nombre de pèlerins s'ins-
tallent sur le pont. Le 2, nous passons, à
vingt lieux de distance, devant les montagnes élevées de l'île de Candie ; elles sont
étincelantes de neige. Le mont Ida se
dessine avec un aspect très imposant.
Toutes les lunettes marines disponibles
sont dans nos mains ; elles sont excellen-
tes : nous distinguons les ravins et les
forteresses ; le 3 mai, nous gardons le
Saint-Sacrement exposé toute la journée.
Les communions sont très nombreuses.
Nous entendons un beau sermon du P.
Dominicain, Mathieu Leconte. Après,
on procède en quelque sorte à *l'enrégi-
mentation* des pèlerins. Des chefs de groupes sont désignés et nous nous reproche-
rions de ne pas citer, parmi ceux qui ont
eté les plus zélés, les plus dévoués: MM. Le
Hardy, de Guyon, de Vaulogé, de Cour-
tivron, Doazans de la Chevasnerie. Les
dames, si éprouvées par la fatigue, trou-
veront néanmoins la force de nous faire
vivement apprécier en maintes circons-
tances la grâce de leur charité. Le 4,
après les messes, nous entendons le sermon d'un P. Mariste. Nous apprenons que

la *Picardie,* que nous avons perdue de vue il y a deux jours, et qui file plus vite que la *Guadeloupe*, nous laisse aller directement à Kaïffa. Elle s'allonge pour prendre à Jaffa du matériel et un agent de la Cᵗᵉ Cook, chargé de nous guider dans la Samarie et la Judée. Le vent fraichit. La mer est d'un bleu admirable. Le soleil constelle de diamants les remous des vagues. Dans le sillage du navire d'énormes poissons se jouent et semblent faire assaut de vitesse : On croirait qu'eux aussi veulent aller en Terre Sainte tant ils s'attachent à nous suivre.

Le 5 mai nous arrivons dans la belle rade de Kaïffa. En face se dresse le Mont-Carmel ; nous débarquons vers trois heures du soir, avant la *Picardie* qui vient d'arriver. La troupe turque et une population, dont les visages et les vêtements sont tout nouveaux pour nous, sont venues à notre rencontre jusqu'à l'entrée de la ville. Nous allons processionnellement à l'église d'un couvent catholique où l'on vénère la vraie croix et où l'on gagne une indulgence plénière. Puis nous gravissons le sentier du Mont-Carmel pendant 1,500 mètres environ. Les pères Carmes ont fait des prodiges pour procurer la nourriture à 1000 pèlerins ; ceux qui sont venus sur la *Picardie* ne prendront leur repas que le soir à une heure avancée. Cependant les couloirs et les grandes salles du couvent sont déjà encombré s de dormeurs: la place manque et les nattes qui forment la literie manquent bien davantage encore. Les dames, redescendues au couvent de Kaiffa, n'ont d'autre couche que le carreau nu.

Le 6, tous les pèlerins communient. La chapelle est ronde avec un dôme élevé ; deux escaliers tournants conduisent au sanctuaire qui domine à 2 mètres de hauteur ; une balustrade qui s'avance au milieu sert de chaire. Le R. P. supérieur des Carmes-Déchaussés nous adresse une allocution entraînante et parfaitement comprise, malgré la difficulté qu'il éprouve à s'exprimer en français.

De la terrasse du couvent on découvre un splendide panorama : d'un côté le regard suit le rivage jusqu'à St-Jean d'Acre, de l'autre il embrasse la plaine de Saron et le Mont-Carmel et devant lui se déploie l'immensité de la mer. Nous visitons la grotte d'Elie, la chapelle de Saint-Simon Stock, les cavernes où vécurent avant N. S. J-.C. les ermites qui les premiers tinrent la virginité en honneur, enfin la précieuse grotte où St-Joseph et la Sainte-Vierge se reposèrent à leur retour d'Egypte à Nazareth. Un palmier croît à l'entrée, nous en détachons quelques feuilles. Dans le jardin du couvent nous allons saluer le

mausolée élevé et conservé à la mémoire
de 2,000 soldats français, débris de l'armée
de Kléber et de Bonaparte ; ils reposent
au lieu même où ils ont été massacrés en
1803. On fait une excursion dans la montagne : l'air y est extrêmement pur et
fort agréablement imprégné de la pénétrante odeur des plantes dont les Pères
font un élixir. Nous nous en munissons
pour le voyage.

Le 6 mai, à 7 heures du matin, 1,000 ou
1,200 chevaux, chameaux, ânes et mulets
se réunissent à grand bruit sur la plage,
par les soins et sous le commandement des
agents de M. Cook. Ces agents qui seront
nos guides sont armés jusqu'aux dents, de
révolvers, de poignards, de sabres et de
fusils. Cet appareil belliqueux n'est pas
de trop, parait-il, pour assurer notre route ;
et nous avons su plus tard qu'a Marseille,
avant notre départ, le R. P. Picard avait
reçu de Palestine quatre dépêches télégraphiques en quelques heures, d'après
lesquelles toute la responsabilité lui était
laissée quant aux risques à courir pour
les pèlerins, et où se montraient des prévisions vraiment sinistres qui heureusement ne se sont pas réalisées.

Chacun choisit sa monture. Il ne manque à cette grande cavalcade que le détachement qui s'est embarqué la veille
pour Jaffa et Jerusalem, redoutant les

fatigues d'une marche dont on s'exagérait un peu les difficultés, très réelles d'ailleurs, et qui en somme nous a procuré des émotions assez nombreuses pour que les pèlerins aient pu, non sans raison, l'appeler du nom de marche miraculeuse.

Peu après le départ, nous passons devant les établissements d'une colonie allemande qui cultive la plaine de Kaïffa. Nous traversons la ville au milieu d'une curiosité très en éveil évidemment, mais non pas bruyante comme serait celle d'une population française ; et c'est avec une gravité superbe et une indifférence, dont on sent bien du reste l'affectation, que les Turcs nous contemplent du seuil et de l'intérieur des cafés où ils fument sans sourciller leurs longs narghilehs. — Nous suivons un chemin poudreux, bordé de cactus, aux fleurs jaunes assez laides, mais prodigieux par leur élévation qui atteint jusqu'à 5 et 6 mètres, et le développement lourd de leurs grandes feuilles hérissées d'épines longues et acérées comme un stylet. Nous arrivons au torrent du Cison dont le passage s'effectue sans trop de difficultés ; un peu plus loin nous rencontrons des flaques d'eau croupissantes beaucoup plus embarrassantes pour notre colonne. Ensuite on traverse une belle forêt d'oliviers, puis une plaine fertile et enfin on atteint la hauteur de

Chef-er-Amra où on fait halte après six heures de marche. Le caravansérail domine une immense étendue de pays. Sur un point une multitude d'enfants indigènes et des deux sexes s'est rassemblée : de loin, ils apparaissent vêtus d'or, de pourpre et de soie, tellement le soleil d'Orient répand de vive lumière sur les haillons multicolores dans lesquels ils se drapent déjà avec l'élégance inhérente à leur race.

On déjeune assez bien sous un soleil torride, mais les retardataires doivent se hâter. Cette journée a été une des plus dures du voyage. Nous l'avons passée tout entière en selle, sauf l'heure accordée pour la halte. Mais c'était un bien superbe coup d'œil, lorsqu'à un coude du chemin on détournait la tête pour apercevoir l'immense défilé des pèlerins dans leur équipage si extraordinairement pittoresque.

La halte du soir a lieu dans une prairie où le P. gardien de l'église de l'Annonciation nous attendait. Nous gravissons une montagne, du sommet de laquelle on découvre le Thabor. Malgré la profonde émotion dont nous sommes saisis, la fatigue fait bientôt taire nos chants d'allégresse et nous descendons rapidement vers Nazareth où nous entrons au milieu d'une foule sympathique.

L'église de l'Annonciation est située près de l'entrée de la ville, non loin d'un

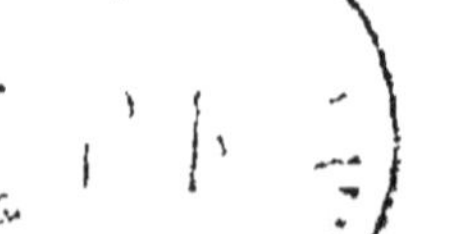

fort bel hospice bâti par les protestants anglais. Le camp, composé de plus de soixante tentes, est installé dans une prairie. Ici se place un incident fâcheux. La Cie Cook n'ayant qu'un bureau à l'entrée pour le contrôle des billets, les derniers arrivants ont dû attendre trois heures durant, exposés à la vive fraicheur du soir après cette pénible journée où nous avons supporté une chaleur véritablement accablante. Les plus favorisés sont ceux qui, partis à pied la veille, nous ont devancés et ont pu trouver place au couvent des Franciscains, mais ils sont en fort petit nombre. Le groupe de ceux qui renoncent au voyage à travers la Samarie pour retourner à Kaïffa paraît augmenter. Le lundi, 8 mai, nous séjournons à Nazareth.

Que dire de l'église de l'Annonciation, de la crypte ou maison de la Sainte-Vierge, du lieu où se tenait l'Ange quand il la salua, sur le seuil de la grotte qui servait dit-on de cuisine à la sainte famille, de l'atelier de Saint-Joseph, assez eloigné de l'Annonciation, de la maison où N. S. après sa résurrection vint retrouver ses apôtres et de la pierre qui leur servit de table? Un volume suffirait à peine à ces descriptions et à la simple mention des souvenirs, des impressions que ces objets eveillent dans une âme chrétienne.

On descend dans la crypte, située sous le grand autel, par une vingtaine de marches, presque toujours couvertes de fidèles et ou nous voyons, accroupies, selon l'usage dans les églises d'Orient où l'on ne trouve aucun siège, des femmes entièrement recouvertes d'un long voile blanc, priant, dans cette attitude nouvelle pour nous, avec un grand air de dignité et de ferveur. Le soir nous allons processionnellement et a la lueur des flambeaux, du camp à l'église. Cette démonstration pieuse paraît produire un tres grand effet sur la population. Après le mois de Marie, le R. P. Picard nous adresse une chaleureuse allocution qui fait oublier les souffrances et les fatigues passées et nous reconforte pour celles à venir. Dans la journée quelques pelerins, en petit nombre, ont pu faire le pelerinage de Cana et du Thabor ; les au res ont parcouru les monts de Nazareth d'où l'on a une vue admirable qui s'etend jusqu'a la mer.

Le lendemain, 9 mai, la levée du camp s'opere avec une rapidité extraordinaire et vraiment curieuse. Les Arabes se pressent dix ou quinze autour de chaque tente. En quelques minutes elles sont toutes abattues, roulees, empaquetées et chargées sur les chameaux qui partent en avant pour que tout soit installé à l'arrivée au campement du soir. Les pèlerins qui retournent à Kaïffa partent les premiers, au nombre d'environ 200 ; nous restons 503 pour le voyage à travers la Samarie.

Jamais caravane aussi nombreuse ne parvint au but où nous tendons sans accident ; et, pendant notre séjour même à Jérusalem un petit pèlerinage de Bavarois perdit un de ses membres avant d'arriver à Nazareth.

L'état des chemins, ou pour parler exactement, l'absence de chemins dans un pays de montagnes, aux gradins glissants, aux défilés tortueux, aux corniches étroites surplombant d'effrayants abîmes, et l'indiscipline assez commune des montures, seul moyen de transport possible, présentent, on le conçoit, de fréquentes chances de chutes et d'accidents plus ou moins graves. Les chevaux, il est vrai, sont en général d'un fort bon caractère, tranquilles et adroits sur ce terrain dont ils ont l'habitude, mais les mulets et les ânes justifient, pour la plupart, la réputation d'obstination et de malice de l'espèce. Les chutes donc n'ont pas manqué, même pour les dames auxquelles cependant on a de préférence donné naturellement les animaux les plus sûrs ; l'une tombe et se brise une dent, sans autre mal : deux autres installées dans une double caisse bizarre, sur le dos d'un mulet, roulent avec leur monture dans un précipice et comme par une protection providentielle se relèvent à peine contusionnées. Plus loin c'est un bon prêtre qui ne peut décidément venir à bout de son mulet bien qu'il s'y emploie très courageusement et sans tenir compte d'une première chute ; on doit se porter à son secours. Nous même, qui écrivons ces lignes, bien que nous ayons l'habitude, sinon la science de l'équitation, ce n'est qu'après un assez sérieux débat et après avoir été quatre fois vaincu dans la lutte que nous remportons enfin une victoire décisive sur le mauvais vouloir de l'âne qui nous était échu. Le dénouement fut malheureusement beaucoup plus triste pour un prêtre vénérable, déjà avancé en âge, qui, atteint d'un coup de pied de cheval, dont il souffrit sans se plaindre, mourut des suites, pendant notre retour en mer, à bord de la *Guadeloupe*. Durant les marches une brillante avant-garde bien composée et bien armée nous précède ou galope dans les plaines sur les flancs de la colonne. Une arrière-garde non moins chaleureuse nous suit avec les médecins et un P. de l'Assomption. Cette première étape dans la Samarie est très longue et très fatiguante. Après les coteaux rocheux et stériles de Nazareth nous traversons la plaine immense d'Esdrelon, couverte de blés, d'orges, de prairies, mais entièrement dépouillée d'arbres.

La cîme ronde du Thabor s'élève à notre gauche : en face, au sud, est le petit Hermon et Naïm au pied. Nous arrivons, brûles par un soleil tropical, a El Foule, misérable village, situé sur une hauteur qui domine de tous côtés une plaine très étendue et d'une grande fertilité. C'est le champ de bataille ou Débora vainquit Sizara, ou les Croises furent defaits par les Sarrazins, ou Kleber et Bonaparte vainquirent les Turcs. Il fait une extrè ne chaleur, il serait très imprudent de se decouvrir la tê'e un seul instant.

Après une halte d'une heure et demie nous partons et nous passons auprès des ruines du palais d'Achab et de la montagne denudée de Gelboe.

Nous arrivons à Djenin uniquement habitée par des musulmans fanatiques. Une mosquee avec minaret, des palmiers des cactus sont a l'entree du camp. On s'installe dans les tentes. Après le repas plusieurs pen'trent dans la ville et y trouvent d'excellent café ; mais à huit heures et demie du soir la ville clôt ses portes et quelques pelerins qui s'y sont attardes n'en sortent point sans avoir couru, avec le Turc qui les conduisait, quelques risques d'un mauvais parti. Les gendarmes Turcs, etablis hors des murs pour nous garder, tirent des coups de fusils toute la nuit en poussant de grands cris.

Le lendemain, la messe est dite en ce lieu pour la première fois, depuis au moins les croisades. L'autel est dressé au milieu du camp sur une éminence. La population musulmane paraît vivement impressionnée de ce spectacle. On part. Apres plusieurs vallées etroites où l'on ne voit que des oliviers et des rochers en amphithéâtre, nous rencontrons la vaste plaine de Sennaar. L'hiver c'est un marais entouré de hautes collines dont l'une est surmontée d'une forteresse perchee à cette hauteur comme une aire d'aigle.C'est l'ancienne Béthulie. Nous passons au pied,dans le camp d'Holopherne, à l'endroit même peut-être ou Judith lui trancha la tête. On s'arrète pour le repas du milieu du jour dans une plaine rocailleuse, environnée de montagnes couvertes d'oliviers. L'olivier semble à vrai dire le seul arbre du pays, sauf aux abords des villes ou on voit de beaux palmiers et les énormes cactus dont nous avons parlé déjà. Après des défilés périlleux dans les montagnes et une descente qu'il paraît impossible d'executer sans la protection évidente de Dieu, nous montons aux ruines de Sébaste. Les premiers arrivés ont le temps, avec de bons chevaux, de faire le tour de la montagne et d'aller voir les merveilleuses colonnes du palais d'Herode, à demi cachees dans la verdure luxuriante,et l'admirable point

de vue qui se prolonge jusqu'à la Médi-
térannée. Les autres pèlerins font une halte au tombeau de St-Jean-Baptiste, magnifique église bâtie par les croisés, dont
les Turcs ont fait une mosquée. Nous traversons un fort ruisseau et d'autres collines aux plateaux remarquables. Bientôt
des poteaux et des fils télégraphiques,
courant le long d'une large voie pavée de
pierres énormes, nous annoncent une
grande ville ; des eaux abondantes arro-
sent la vallée étroite mais bien cultivée.
Nous arrivons à Naplouse bâtie au pied
du mont Garizim, sur l'emplacement de
l'ancienne Sichem. Naplouse est une
ville populeuse, les Turcs y ont une
belle prestance et nous en rencontrons
quelques uns vêtus de costumes d'une très
grande richesse.

Une foule d'hommes et de femmes, et la
police, sont venus à notre rencontre. Le
camp est dressé près de la ville, à l'endroit
même ou campa Abraham. La fatigue est
grande ; par une faveur divine bien due
au courage de leur pieuse entreprise, les
dames en paraissent vraiment moins
souffrir que nous.

A Naplouse, qui est une des plus curieu-
ses et des plus commerçantes villes de
l'Orient, les Turcs dominent entièrement.
Une petite église latine y compte seule-
ment cinquante fidèles. On y trouve aussi

les descendants, assez peu nombreux,
d'une secte Juive n'ayant pas contre les
chrétiens la même haine. Ces Juifs con-
servent précieusement un manuscrit du
Pentateuque, antérieur à tous les autres.
Nous avons vu et touché ce manuscrit qui,
déroulé, ferait aisément le tour de la syna-
gogue où il est gardé. En quittant Naplouse, le lendemain 11 mai, nous passons
d'abord devant une caserne turque dont
les soldats ont assez bonne tenue. Un peu
plus loin c'est devant le puits de Jacob et
le champ dont Benjamin eut une portion
de plus que ses frères. Nous ne faisons
qu'une étape jusqu'à Sindjil, par des montagnes rocailleuses et des pas difficiles.
Souvent il faut aller un à un, laissant un
intervalle entre les montures, et alors la
colonne déroule d'interminables lacets sur
plus de 4 kilomètres de long. Nous arrivons à Sindjil vers 6 heures du soir. Le
camp est admirablement placé, sur une
hauteur qui domine un village où se
voient de très anciennes ruines et une
vallée profonde. En face sont d'autres
montagnes et non loin est Silo où se trouvait l'arche au temps d'Héli et de Samuel. Le chancelier du consulat de France et un photographe sont venus au devant de nous Nous partons de bonne
heure le lendemain ; nous passons près de
Béthel où eut lieu la vision de Jacob : on

y voit les ruines d'une chapelle. A Biré, on fait halte près d'une fontaine où la Sainte-Vierge et St-Joseph s'aperçurent que l'enfant Jésus n'était plus avec eux à leur retour à Nazareth. Le F. Léon, Franciscain du diocèse de Limoges, dont le dévouement nous a été extrêmement précieux pendant notre séjour en Terre-Sainte, vient ici nous rejoindre avec le F. Alexandre et des Sœurs de St-Joseph de l'Apparition. Ils nous donnent de bonnes nouvelles des 500 pèlerins arrivés avant nous à Jérusalem et qui nous attendent, non sans quelques inquiétudes.

Nous voyons à droite, au loin, sur une montagne, un monument appelé le tombeau de Samuel ou Néby-Chamoul ; enfin nous atteignons le plateau du mont Scopus d'où l'on découvre toute la ville-Sainte ; et, comme autrefois les croisés, nous l'acclamons :

Jérusalem ! Jérusalem ! ! !.....

Un P. Franciscain, M. Langlois consul de France, le P. Emmanuel Bailly directeur de la *Guadeloupe*, sont venus a notre rencontre. Nous descendons une chaussee glissante, bordée de murs en ruines de trois metres d'epaisseur. La garde turque qui nous précède nous fait contourner les etablissements russes pour entrer par la porte de Jaffa, ou nous attendent tous les pelerins qui nous ont précédes. C'est une marche triomphale, à travers ce quartier nouvellement bâti, où les juifs russes affluent depuis les événements dont ils sont victimes en Russie. Nous mettons pied à terre ; de nombreuses bannieres sont déployées : En tête M. de Belcastel, suivi d'un brillant état-major, porte un guidon blanc à croix rouge ou est écrit : « Dieu le veut ! » et « *Servire Chisto Domino* ». Les soldats turcs font la haie ; trois garde-nobles de N. S. Père le Pape portent des bannières ; on chante des hymnes ; toute la ville est sur pied ; Les chrétiens pleurent de joie ; Les musulmans paraissent tout ensemble etonnés et attristés.

Jamais, depuis les croisades, des chants chrétiens ne s'étaient ainsi élevés dans la ville sainte. On arrive au tombeau du Christ. Le Patriarche latin, qui nous y attend et nous reçoit, nous felicite d'avoir ouvert une nouvelle ere pour les pèlerinages. La nuit est venue et on se répartit dans les logements. Le nôtre était un magnifique hospice autrichien dont l'éminent directeur se multipliait, avec une ardente charité, dans les soins dont il nous entourait. Nous n'y sommes cependant demeurés que deux jours, car le P. Dominique, un des Franciscains si odieusement expulsés, à Limoges, du cimetière de Louyat, vint nous y chercher pour nous

emmener à l'hospice des pèlerins français
de Casa-Nova. Le P. Leon procurait en
même temps un logement plus commode
à une pieuse dame de notre diocèse. L'é-
glise du Saint-Sépulcre est une réunion de
chapelles ou de grottes. Toutes ou presque
toutes offrent une indulgence plénière au
pèlerin en état de grâce. L'édicule du
Saint-Sépulcre est au dessous d'une vaste
coupole supportée par des arcades for-
mant galeries. Il se compose de « *la cham
bre* » lieu où se trouvait l'Ange, qui après
la résurrection du Sauveur apparut aux
saintes femmes et du *Tombeau* où brûlent
sans cesse QUARANTE QUATRE lampes du
plus grand prix et d'un merveilleux tra-
vail artistique. A l'entrée sont placés quatre
riches candélabres de trois mètres de haut ;
en face, un espace appelé le Chœur des la
tins et l'église grecque schismatique. Vis-à-
vis la porte de la basilique est « *La pierre de
l'Onction* » entourée de superbes colonnes
de marbre ; à droite, le rocher du « *Cal-
vaire* » ou « *Golgotha* ». On y accède par
un rapide escalier de vingt marches. Trois
autels y sont dressés : celui du « *crucifie-
ment* » à droite, celui de l' « *Erection de
la Croix* » et de « *la fente du rocher* » à
gauche, et un intermédiaire. Le premier
et le troisième appartiennent aux Latins ;
le second, qui est le plus richement orné,
est aux grecs schismatiques.

Les pèlerins sanctifient divers objets
par l'attouchement au lieu même où la
croix du salut du monde fut implantée et
à la fente du rocher. Ils vont ensuite et
par groupes visiter le Cénacle, la mosquée
de l'Ascension, sur le sommet du mont des
Oliviers, le Carmel voisin où N. S. ensei-
gna à ses disciples la première de nos
prières : « *Notre père qui êtes aux
cieux.* » A l'endroit même, dans un cloî-
tre, on peut lire le « *Pater* » écrit, sur de
grandes plaques de marbre, en TRENTE-
DEUX langues.

En descendant, on a sous les yeux Jérusalem tout entière : Ici sont les superbes
mosquées d'Omar et d'El-Aksa, au premier plan ; plus bas, est le rocher où les
disciples s'étaient endormis ; la colonne
du « *baiser de Judas* » ; le jardin de *Get-
sémani ;* La grotte de l'agonie où N. S.
éprouva *la tristesse douloureuse jusqu'à
répandre une sueur de sang* ; l'église de
l'Assomption ou tombeau de la Sainte-
Vierge ; le torrent de Cédron où N. S.
fut précipité ; le lieu où fut lapidé Saint-
Etienne.

Les murs de Jérusalem sont de ce côté
environnés de tombeaux Musulmans, au
pied de la « *porte d'Or* » ; c'est celle par
où N. S. entra à Jérusalem, le jour des
Rameaux. Cette porte est maintenant mu-
rée.

A Jérusalem, une messe, dite du pèlerinage, était célebrée chaque jour : presque tons les pelerins y communiaient. A la suite de cette messe on nous donnait les renseignements nécessaires relativement aux diverses excursions et dévotions. La messe était dite le plus souvent dans la belle eglise du patriarcat latin. L'avant-veille de la Pentecôte, elle eut un caractere très solennel, Mgr. Bracco patriarche de Jérusalem officiait. Cette messe fut suivie de deux discours, de S. E. et du P. Picard, après lesquels eut lieu la remise et la bénédiction de la statue de St-Pierre que nous apportions de France.

Une fois, nous assistâmes à cette messe à l'église de Sainte-Anne dont la crypte n'est autre que la maison de Sainte-Anne et de Saint-Joachim, où naquit la Sainte-Vierge. L'église est vaste ; concédée à la France après la guerre de Crimée elle est tenue par les missionnaires d'Afrique de S. E. le cardinal Lavigerie. Les missionnaires ont auprès un beau couvent.

Nous avons également assisté à une messe célebrée selon le rit grec Oriental, tres différent du nôtre. Les ornements de l'officiant sont de la plus grande richesse. On donne la sainte communion avec une petite palette d'or et d'argent. Le P. Mathieu, de l'ordre Dominicain nous expliqua le maintien de ce rit et commenta les

paroles du Psalmiste. « *Ecclesia circum-
datur varietate* » Le pèlerinage offrit ensuite d'autres statues dans les couvents de
Jérusalem : Sainte Philomène a l'église
de l'*Ecce-Homo* chez les dames de Sion, à
l'endroit ou Pilate après la flagellation
présenta aux Juifs N. S. portant le sceptre
de roseau et la couronne d'épines ; N. D.
de Lourdes chez les sœurs de St Joseph ;
N. D. du salut chez les frères ; St- Augus-
tin à St-Pierre, établissement du P. de
Ratisbonne pour les apprentis ; N. D. de la
Salette à Aïnkarin, dans la montagne,
lieu de naissance de St-Jean-Baptiste.

Le 19 mai, un groupe de 30 personnes
dont nous faisions partie entreprit le premier voyage à la mer Morte où plusieurs
groupes allèrent depuis successivement.

Dans la soirée nous visitâmes le monastère de St-Saba, où on arrive après avoir
traversé toute la vallée de Josaphat et
gravi un sentier que surplombe un ravin
aussi profond que curieux. Ici, tout est dé-
solé, le sol, d'une aridité extraordinaire,
ne nourrit pas le moindre brin d'herbe et
semble déchiré comme par un instrument
prodigieux qui y aurait tracé de larges
crevasses. Les moines schismatiques grecs
nous accordent sans difficultés l'entrée de
leur monastère, à l'exception toutefois des
dames qui nous accompagnent. Nous
avons vu dans ce couvent grec des pein-

tures précieuses ornant l'église, le tombeau de St-Jean Damascène et, derrière une grille, un entassement considérable de crânes des premiers ermites. Au centre d'une cour est une chapelle et plus haut, dans des rochers, la grotte de Saint-Saba. Une particularité curieuse c'est que les oiseaux des environs à une grande distance doivent venir chercher leur nourriture au monastère : c'est le seul endroit du pays où ils en puissent trouver.

Il suffit d'aller à St-Saba pour se faire une idée de la vie contemplative et de l'isolement dans l'amour de Dieu. Néanmoins, sans vouloir en médire, les moines grecs a longue barbe, qui vivent ici, n'ont pas une physionomie tres sympathique. Nous rentrons bientôt au camp pour le dîner et le coucher. A une heure du matin, nous repartons, après la messe célébrée par le R. P. Maumus, des Dominicains, sur un autel portatif. A sept heures nous arrivons à la mer Morte, après avoir traversé des gorges effrayantes et des sentiers où les plus hardis cavaliers durent mettre pied-à-terre.

La mer Morte est à 1,200 mètres au dessous de l'altitude de Jérusalem, à 400 mètres au dessous du niveau de la Méditerranée. L'eau quoique limpide semble adhérer au toucher et elle exhale une odeur très sensiblement analogue à celle du sulfure de potassium ; sa densité est extraordinaire ; ceux qui s'y sont baignés y nageaient presque sans mouvement et comme portés, l'un d'eux y trouva un petit poisson entrainé par le Jourdain et qui à son arrivée dans ces eaux étranges y est mort aussitôt.

Au nord de la mer Morte s'élèvent les montagnes de Moab. Elles paraissent aussi dénudées, aussi déchirées que celles que nous venons de quitter, plus hautes d'ailleurs et plus sombres. Des arbustes épineux et des tourterelles représentent seuls le règne animal et le règne végétal dans cette partie nord de la mer Morte, avant la plaine immense que les eaux ont dû abandonner.

Nous campons le soir aux rives du Jourdain, au milieu d'une luxuriante végétation qui fait un contraste saisissant. Le cour du Jourdain est torrentueux, les eaux sont bourbeuses ; on en boit cependant et l'on s'y baigne avec plaisir. Après le repas, le vent du désert le *sirocco*, s'élève avec violence ; il dessèche tout sur son passage et nous altere à un point extrême.

Le lendemain nous partons vers 4 heures ; nous traversons quelques monticules et la plaine jusqu'au nouveau Jéricho où se trouve un monastère des Grecs. Le soir notre camp est au pied des collines appelées le vieux Jéricho, où les Anglais ont fait des fouilles près de la fontaine de Jérémie, la plus belle de la Judée. Nous y prenons deux bains l'un à notre arrivée, l'autre au départ.

Des hauteurs du vieux Jéricho on a en face, d'un côté la montagne de la Quarantaine, avec la grotte où N. S. s'est retiré, de l'autre une plaine immense et fertile jusqu'au Jourdain, dont on suit le cours pendant 60 kilomètres, les collines qui sont sur la rive gauche et le Mont Nebo.

Le lendemain dimanche, nous assistons à la messe et nous partons pour Jérusalem où nous rentrons à onze heures, après avoir passé près de la montagne où un corbeau apporta à manger au prophète Elie ; devant les ruines d'un camp des croisés admirablement situé ; à la fontaine des apôtres ; à Béthanie, où nous étions déjà allés en pèlerinage au tombeau de Lazare, à la maison de Ste-Marthe et Ste-Marie-Magdeleine et à celle de Simon le lépreux. Nous cotoyons le mont des Oliviers et nous contournons les remparts, dépassant les portes de St-Etienne et de Damas, pour arriver à l'agence Cook, Le soir même, apprenant qu'un grand nombre de pèlerins et le P Picard vont à St-Jean de la montagne, escortés de deux soldats turcs spécialement désignés par le pacha, nous louons un cheval à la hâte et nous partons.

Le chemin traverse des collines rocheuses, des lieux arides et finit tout à coup dans la belle et célèbre vallée du Térébinthe où se trouve Aïnkarin que les chrétiens appellent St-Jean.

Le couvent des franciscains est envahi ; à peine reste t-il un matelas ; et, malgré l'empressement hospitalier des bons pères on passe une nuit pénible.

Le lundi 22, la messe de communion est célébrée au lieu même de la naissance de St-Jean Baptiste. Nous allons ensuite au lieu de la visitation en passant à la fontaine de la Vierge, entourée de mahométanes aux regards altiers mais du reste, très légèrement et même insuffisamment vêtues . Le P. Marie Antoine fait un rapide et poétique commentaire du *magnificat*, ici même ou la Sainte-Vierge le chanta. Nous voyons le rocher qui « s'amollit comme cire » pour cacher le petit St-Jean poursuivi par les soldats d'Hérode. Aïnkarin à cause de sa fraicheur et de son air pur, a été adopté pour la villégiature des habitants de Jérusalem. Les Franciscains, les dames de Sion, les PP. missionnaires d'Afrique y ont des couvents. Nous avons visité celui des dames de Sion ou le P. de Ratisbonne nous donna la bénédiction du T. S. sacrement. Un grand nombre de jeunes filles sont élevées dans ce couvent ; elles ont la physionomie sérieuse et intelligente. Dans un des jardins, qui sont fort bien entretenus, des cerisiers sont tout rouges de fruits. L'après-midi nous partons pour visiter la grotte de St-Jean dans le désert. Elle est habitee par un ermite Normand qui nous fit tres bon accueil. Il a défriché et cultivé un petit jardin près d'une source au flanc de la montagne, dans un site très sauvage, cet ermite est vêtu d'une vieille veste et d'un pantalon par dessus lesquels il est ceint du cordon de St François. Il vit exclusivement de légumes et couche sur la terre nue, Il paraît âgé de 45 ans. Nous le quittons par la pluie et un vent violent qui menace de renverser nos montures.

A Aïnkarin on essaye de nous sécher mais on ne réussit qu'à nous enfumer de telle sorte que nous remontons en hâte à cheval pour gagner Bethléem, accompagnés des capitaines de « *la Guadeloupe* et et de « *la Picardie* ». Nous franchissons rapidement, malgré bien des obstacles, 16 à 18 kilomètres et nous arrivons à Bethléem où nous entrons au grand trot.

A Bethléem presque tous les habitants sont catholiques. Les femmes, d'un accueil simple et ouvert, ne sont point voilées comme celles de Jérusalem.

On se loge avec peine aux couvents ;
déja toutes les places étaient occupées lors-
que nous mêmes nous y arrivâmes. Un
marchand d'objets de piété, nous voyant
dans cet embarras et se souvenant de nos
relations à quelques jours de là, lors de
notre premier pélerinage à Bethléem,
s'empressa de nous offrir l'hospitalité. Il
nous conduisit dans un vrai petit palais
Oriental, de construction toute récente,
où sa mère, sa femme et sa belle-sœur
nous reçurent avec la plus gracieuse bien-
veillance et nous offrirent un excellent
diner.

Le lendemain, 23 mai, un groupe nombreux de pèlerins arrive de Jérusalem.
Nous allons au devant de lui pour ren-
trer tous ensemble processionnellement.

La procession est fort belle, précédée de
la musique de l'orphelinat de Don Belloni.
Nous marchons immédiatement après,
aux côtés de M. le vicomte de Villoutreys
et de M. de Belcastel qui porte la banniè-
re que nous avons déjà décrite.

Toute la ville est sur pied pour considé-
rer ce grand spectacle. Cependant on
craint de froisser les grecs schismatiques ;
et selon le réglement du *statu quo*, établi
afin de prévenir les rivalités des différen-
tes communions, nous allons à la chapelle
des Franciscains qui sert de paroisse et
tient à la basilique. De là les pèlerins

vont communier à l'autel des Mages, à côté de la Crèche où naquit N. S. Puis, nous visitons la grotte dite « *du lait* » où se trouve une chapelle très vénérée. Il est de tradition que la Ste-Vierge s'y cacha en fuyant les soldats d'Hérode lorsqu'ils cherchaient l'Enfant-Jésus pour le massacrer. Nous voyons encore le village des bergers, qui est une paroisse catholique ; le champ de Booz ; la Grotte des bergers qui est aux grecs. Un grand nombre de pèlerins vont diner à l'orphelinat de don Belloni dont l'œuvre bienfaisante mériterait un volume de louanges. Don Belloni a tué le veau gras pour fêter ses visiteurs. Enfin nous repartons et nous rentrons le soir même à Jérusalem, par une pluie telle que de mémoire d'hommes on n'en a vu de pareille en cette saison. A notre arrivée nous allons prier au lieu de naissance de St-Jacques, dans la magnifique église appartenant aux Arméniens non unis qui possèdent de vastes et beaux établissements sur le mont Sion.

Jérusalem, tout entourée de hautes murailles ébréchées, quoiqu'elles aient plusieurs mètres d'épaisseur, a quatre portes monumentales : celles de Jaffa, des Maugrebins, de St Etienne et de Damas. La porte d'Or, par laquelle N. S. entra le jour des Rameaux, est close, comme nous l'avons déjà dit. Une tradition veut qu'elle soit rouverte. Sera-ce quand tous les hommes chanteront l'hosannah en adorant leur sauveur N. S. Jésus-Christ ?... Les rues de Jérusalem sont étroites et pavées de grosses pierres ; plusieurs sont entièrement voutées. Le long de ces rues, les nombreuses boutiques des marchands ont l'aspect de sombres cavernes. Il s'y fait cependant un commerce très actif d'objets, de denrées et de produits les plus divers, depuis les fruits tels que les abricots et les oranges jusqu'aux vieilles armes et aux objets de piété, antiques et modernes. A certaines heures la circulation est difficile dans ces rues ; on y croise des files d'ânes et de chameaux chargés de matériaux et de marchandises, on y rencontre les costumes de toutes les nations : Le Juif aux grandes mêches de cheveux pendant sur les joues : le Turc majestueusement drapé et fumant son narghilet avec une imperturbable gravité ; l'Européen vêtu à la mode dernière de Paris et le Nègre du Soudan, dont un vêtement sommaire laisse voir la vigoureuse musculature.

Ici se place un épisode qui intéresse spécialement la ville et le diocèse de Limoges. Les pèlerins de la *Guadeloupe* devaient partir le lundi de la Pentecôte, pour s'embarquer à Jaffa, sans s'arrêter à Ramleh que beaucoup d'auteurs disent être lieu de naissance de St-Martial, le grand apôtre d'Aquitaine et du nord de l'Espagne. Au premier passage de nuit les pèlerins limousins, qui n'avaient pas traversé la Samarie, avaient pu rapidement déposer à Ramleh, au couvent des P. Franciscains, quatre vases magnifiques, produit de l'art limousin. Il fallait maintenant en faire la remise officielle. Munis d'une lettre du P. Custode de la Terre-Sainte, pour le supérieur du couvent de Ramleh, nous partîmes cinq : deux prêtres, une dame et deux laïcs du diocese de Limoges, la veille de la Pentecôte. Après une course pénible en charriot, nous trouvâmes un excellent accueil. Les vases étaient placés sur l'autel de St-Nicodème de Ramleh.

On les estime valant plus de dix mille francs. Ils ont environ 60 centimètres de haut ; tout or et biscuit de porcelaine. Deux sont des urnes avec riches bandelettes d'or ; les deux autres des amphores avec figures aux anses, Les fleurs, les armoiries sont admirablement peintes. Sur chaque vase sont d'un côté les armes de Limoges, de l'autre celle de notre évêque Mgr Lamazou. Ils portent les inscriptions suivantes, en lettre d'or « *Beato Martiali, ex Rama oriundo, Lemovicenses 1882. Beato Martiali, a Petro in Aquitaniam misso, Lemovicenses 1882* ». « *Beato Mar-*

tiali, uni ex 72 discipulis Christi, Lemovicenses 1882 ». Beato Martiali, titulo apostoli decorato conciliis et S. S. pontificibus, Lemovicenses 1882. Sur le socle : *Beato Martiali apostolo Lemovicenses.*

Un détail des mœurs locales : Le gouverneur, le pacha et son secrétaire étant venus au couvent le lendemain, on ne leur montra pas ces vases par crainte d'éveiller la cupidité turque, peu scrupuleuse chez les fonctionnaires petits ou grands de cette nation.

Nous félicitons quant à nous les donateurs de l'heureuse pensée qu'ils ont eue. C'était là un présent vraiment digne du diocèse de Limoges et de son glorieux et saint patron.

Il y a, hélas ! très peu de chrétiens à Ramleh ; et cependant les P. Franciscains et les sœurs de St-Joseph que nous visitâmes y accomplissent le plus grand bien. On y voit l'ancienne et vaste église de St-Jean, transformée en mosquée. En dehors de la ville, on voit aussi une forte tour bâtie par les chevaliers du Temple, en l'honneur des quarante martyrs de Sébaste. Elle est isolée au milieu de cloîtres en ruines et de deux églises souterraines dont les arceaux sont bien conservées.

Du sommet découronné on jouit d'une vue admirable sur les plaines et les montagnes. Une citerne profonde est à un jet de pierres. Tout indique un monastère considérable. C'était, au temps des croisades, le refuge des pèlerins sur la route de Jérusalem. À un kilomètre de là se trouvent les « vasques de St-Hélène », curieux réservoirs souterrains, dont l'eau est malheureusement toujours troublée par les animaux qui vont s'y abreuver ; tandis que celles de Salomon, près de Bethléem, sont toujours pures étant alimentées par une source abondante. Ce sont trois grands bassins ayant chacun environ cent mètres carrés. Auprès est un quadrilatère de même dimension, formé de hautes murailles, dans l'intérieur duquel étaient des écuries. Un canal conduit les eaux dans les jardins de Salomon, situés au centre d'une vallée profonde dont la fraîcheur et la verdure contrastent vivement avec les rochers et les terrains arides d'alentour. C'est aussi près de ces vasques que se trouve « *le mont des Francs*, point culminant de la Judée et le dernier occupé par les croisés. Un cratère est au sommet ; à côté des murailles en ruine et deux chambres obscures. On y trouve des débris de poteries. L'ascension est longue ; mais on voit de là les monts de Jérusalem et de Bethléem, une grande partie de la mer Morte et les incroyables déchirures de terrain qui l'avoisinent.

'L'éclipse totale du soleil nous surprit ici le 16 mai. Nous vîmes parfaitement, avec nos lunettes, la lune passant sur le disque du soleil. Une lumière pâle, ou plutôt d'une étrange teinte violette, nous environnait et l'ardeur des rayons était considérablement diminuée pendant notre retour à Bethléem.

Partis de Ramleh le 29 mai à deux heures du soir nous arrivâmes à Jaffa avant la nuit, après avoir traversé une magnifique forêt d'orangers et de grenadiers. Quelques jours plus tôt un grand coup de ven t y avait fait tomber une véritable pluie de fruits d'or dont nous achetâmes pour quelques centimes de quoi nous rafraichir abondamment et délicieusement.

Jaffa est à notre arrivée pleine de gens de toutes les nations. Des centaines de Turcs sont assis devant les cafés. Nous nous embarquons immédiatement dans des chaloupes pour rejoindre la *Guadeloupe* qui a dû rester à une lieu en mer, à cause des rochers qui défendent la rade. Le lendemain arrivent en grand nombre d'autres groupes de pèlerins. Dans la matinée nous étions retournés à Jaffa avec le vicomte de C. pour nous assurer qu'il ne demeurait à terre aucun passager et aussi pour rechercher, bien inutilement d'ailleurs un assez grand nombre d'effets et de bagages qu'on disait égarés mais que les agents indigènes de la Cie Cook se sont très probablement adjugés par droit d'aubaine et pour maintenir la tradition de rapine qui est si ancienne dans les usages des tribus pillardes du désert.

A midi on lève les ancres. Nous retrouvons érigée sur notre navire la belle croix d'olivier que nous avions portée sur la voie doulo.reuse, au St-Sépulcre, à travers les rues de Jérusalem. Depuis les croisades jamais on n'avait vu porter ainsi solennellement deux croix au milieu de la population. On ne l'aurait pu faire sans s'exposer à de sérieux dangers et au soulèvement des Turcs et des Juifs. Ces croix ont quatre mètres de haut. Celle de la *Guadeloupe* a été pendant la traversée du retour comme une sauvegarde des pèlerins.

Le retour s'opère par un temps assez favorable. Notre vie à bord est la même qu'à l'aller. Les exercices de piété prennent la plus grande part de la journée. La messe du pèlerinage a lieu sur le grand autel dressé à l'arrière du navire : c'est la messe de communion et chaque jour 350 à 400 pèlerins s'approchent de la Sainte-Table, en dehors des 60 prêtres qui célèbrent la messe sur les douze autels portatifs. Un jour, sur la mer unie comme une glace, sous le ciel d'une admirable sérénité, nous nous trouvons entre les côtes splendides de la Sicile et de l'Italie ; et ce jour là fut marqué par le touchant spectacle de la première communion du contre-maître de l'équipage, d'un matelot et d'un mousse préparé à ce saint acte pendant nos deux voyages. Tout l'équipage assiste à cette belle cérémonie et 400 pèlerins et plusieurs matelots communient également.

Un instant après nous découvrons Messine et l'Etna ; Reggio et les gorges de la Calabre. Aucune description ne saurait rendre la spendeur de ce détroit de Messine, vu par un ciel d'une incomparable pureté. Bientôt nous sommes en face des îles Lipari et nous passons au pied du Stromboli dont le cône arrondi ressemble au mont Thabor et au mont des Francs. De temps en temps, une légère fumée apparait au faîte. Nous regrettons de manquer le spectacle d'une éruption. Le Stromboli forme une masse imposante ; il est très élevé; des coulées de lave sillonnent ses flancs sauf sur un point ou nous distinguons un village et des arbres. Nous remarquons qu'il fait beaucoup plus chaud que sur la côte sud de Candie que nous avons cotoyée pendant cent-vingt lieues,sans y découvrir aucune habitation mais des ravins profonds et des sommets couverts de neige. Les villes sont sur la côte Nord.

Le dimanche soir, 11 juin, eut lieu une belle cérémonie pour le renouvellement des vœux du baptême par nos premiers communiants du dimanche précédent et leur consécration à la Sainte-Vierge. Après la joie le deuil. Ce fut, le 5 juin une messe de requiem et l'absoute pour le repos de l'âme d'un de nos pèlerins M. l'abbé Chambaud du diocèse d'Angoulême. Le catafalque était dressé sur le pont et pendant que nous prions pour ce saint prêtre, qui fit une si belle mort à Jérusalem, nous attendons le dernier soupir d'un éminent ecclésiastique du diocèse de Besançon. A ce moment le vent s'élevait, la mer devenait houleuse et quelques instants plus tard M. l'abbé Rouche, curé de Chevremont près Belfort, expirait victime des suites d'une insolation qui l'avait frappé au mont Carmel et d'un coup de pied de cheval dont il souffrit trop longtemps sans se plaindre. La mort de ce vénérable prêtre eut le caractère de la plus haute édification. Il expira près des bouches de Bonifaccio, en face de *Caprera*, le jour même, si nous nous trompons, où un autre âme bien différente, celle de Garibaldi, partait pour être jugée au tribunal de Dieu. Trois autres serviteurs du Christ devaient voir leur existence se clore dans ce pèlerinage; MM. l'abbé Viros de Bordeaux, l'abbé Laurent de Moulins et le F. Simon religieux des Augustins de l'Assomption.

Si on considère que sur plus de mille pèlerins de tout âge (quelques-uns de 70 à 80 ans) dont plus de 300 dames ou jeunes filles, nous n'avons eu à déplorer, après deux longues traversées, après un voyage et une station de deux mois dans un pays d'usage et de climat si différents du nôtre, que cinq décès, on ne peut ne pas reconnaître que nous avons été accompagnés par l'évidente protection de Dieu.

Bientôt nous laissons les côtes de la Sardaigne et de la Corse, et le soir même nous sommes en vue de celles de France. Nous passons devant Hyères, Toulon, La Ciotat et nous arrivons à Marseille à cinq heures du matin. La commission de santé autorise immédiatement notre débarquement. La douane n'apporte aucune sévérité dans la visite de nos bagages. Cependant les formalités ont pris plusieurs heures et nous déjeunons à bord. Enfin nous touchons à terre et nous nous dispersons dans la ville.

Le lendemain on se réunit à 7 heures à Notre Dame de la Garde que déjà nous avions saluée de loin en mer. Les pèlerins qui n'étaient pas encore partis pour leur pays ou pour la Ste-Baume, à dix lieues de Marseille, où Ste-Magdelaine vécut trente ans, s'y rendent malgré un vent violent qui rappelle celui du départ. Mgr l'évêque célèbre la messe et nous félicite de notre heureux retour. Notre bon, modeste et éminent directeur le P. Emmanuel Bailly, qui part pour l'Espagne, où la persécution de la République le force à se réfugier, nous annonce que la « *Picardie* » vient d'arriver et que la dernière réunion des pèlerins aura lieu, comme la première, à l'église de la Majorque, à 4 h. du soir. Le P. Picard résume à grands traits ce pèlerinage et nous signons une adresse au Saint-pere qui, déjà prévenu par télégramme de nos épreuves et de notre arrivée, daigne envoyer par le cardinal Jacobini, la réponse suivante :

Au père Picard.

Le Saint-Père, en bénissant du fond de son cœur tous ceux qui ont pris part au pèlerinage de Jerusalem, et en se complaisant aux sentiments qu'ils lui expriment par votre intermédiaire, fait au Seigneur de ferventes prières pour le repos éternel des âmes de ceux qui pendant la traversée ont passé à une meilleure vie.

L. Card. Jacobini.

Ici finit ce pèlerinage dont nous avons, ainsi que tous nos frères et sœurs qui ont eu le bonheur de l'accomplir, rapporté

tout un riche trésor d'indestructibles souvenirs, de profondes émotions, de résolu-
tions pieuses; dans lequel nous avons sen-
ti se rallumer toutes les ardeurs de notre
foi au divin Crucifié dont on proscrit en
vain l'image, car on ne l'arrachera jamais
du cœur de cette France, notre chère patrie, pour laquelle nous attendons, avec un
ferme espoir, le salut par la miséricorde
de N. S. Jésus-Christ. Il a été une expia-
tion et une réparation offerte à Dieu dans
les lieux mêmes où il a souffert pour nous.

X. Richard de Latour.

pèlerin de la *Guadeloupe.*

FIN.